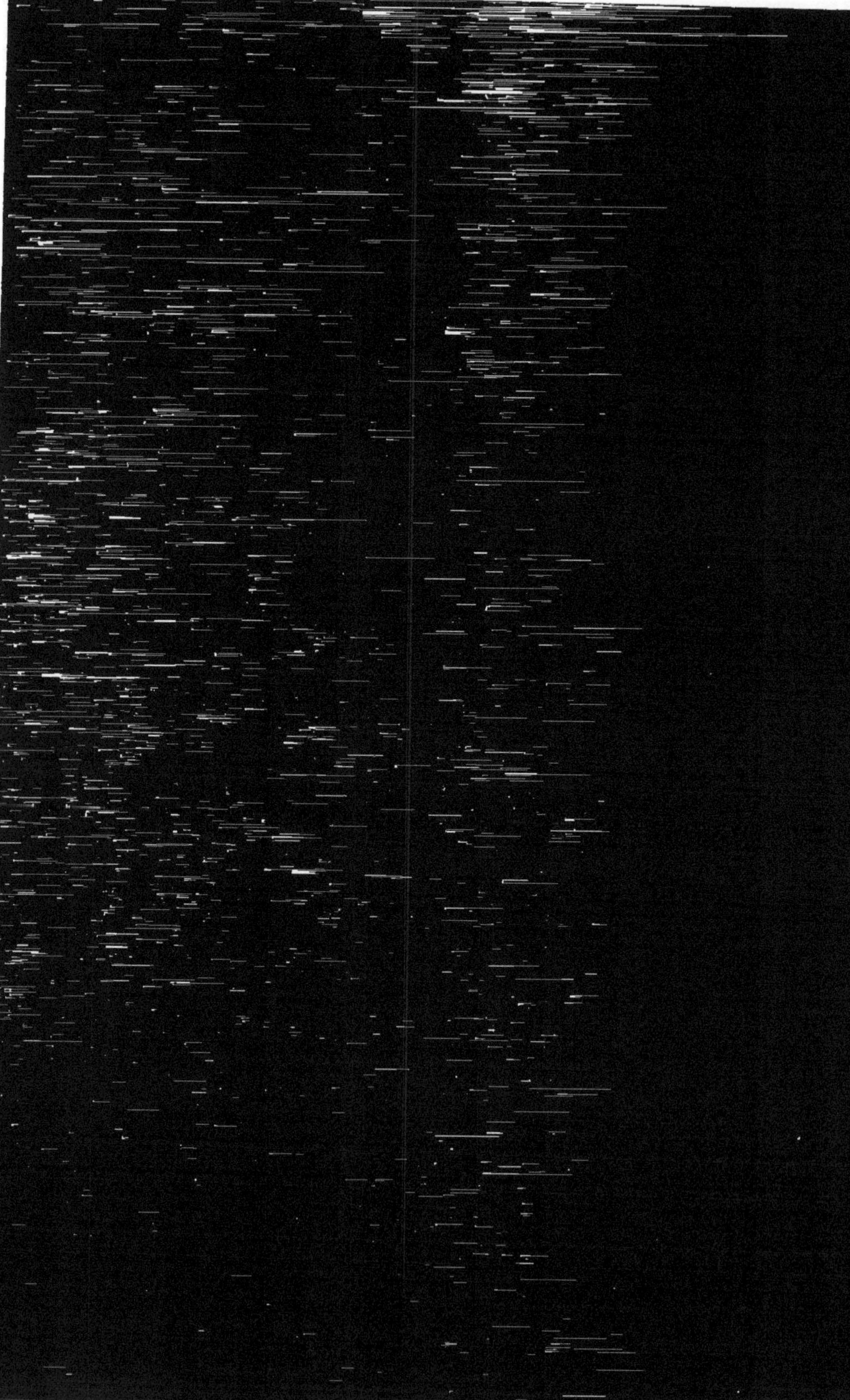

OBSERVATIONS

SUR L'ADMINISTRATION

DU

MUSÉE CENTRAL DES ARTS.

PAR JOSEPH LAVALLÉE,

Membre de la Société Philotechnique, et de celle des Sciences, Arts et belles-Lettres de Paris.

OBSERVATIONS

SUR L'ADMINISTRATION

D U

MUSÉE CENTRAL DES ARTS,

PAR JOSEPH LAVALLÉE,

Membre de la Société Philotechnique, et de celle des Sciences, Arts et belles-Lettres de Paris.

L'ADMINISTRATION actuelle du Musée central des Arts, fut dénoncée le premier nivôse dernier, à la tribune des Cinq - cents, par le représentant du Peuple Marin. D'un côté, la dénonciation étoit grave, les faits étoient précisés ; et les délits réprochés étoient d'une espèce majeure. De l'autre, le caractère du dénonciateur, la solemnité de la tribune législative, l'importance des objets qui se trouvoient compromis, prêtoient à cette dénonciation un caractère de vérité, et un appareil d'intérêt, capables d'éveiller l'attention, non seulement de la République, mais encore de toute l'Europe.

A

L'active sagesse du Directoire exécutif ne laissa pas long-temps à cette anxiété le droit de fatiguer les esprits : et l'énergie qui, tant de fois lui fit dire aux armées républicaines, triomphez ; aux factions intérieures, rentrez dans la poussière ; aux puissances du continent, faites la paix ; lui fit dire de même aux Arts, soyez vengés : que le crime soit confondu ; ou que l'innocence soit reconnue.

Trente artistes d'un mérite distingué, d'une probité généralement avouée, d'une réputation depuis long-temps consacrée, forment aussitôt le tribunal qu'il convoque pour prononcer dans cette grande affaire. Voici donc, d'une part, une grande masse de lumière que le Directoire exécutif porte sur-tout ce qui est relatif à l'art : quand à la partie administrative, il donne au Ministre de l'intérieur, scrutateur né de toutes les administrations civiles de la République, l'ordre de soumettre à l'examen le plus sévère, la gestion de l'administration du Musée central des Arts.

Avant d'aller plus loin, qu'il me soit permis de fixer un moment, ici, l'attention du lecteur sur la contenance de l'administration du Musée, pendant ce grand événement. Injustement attaquée dans son honneur, dans ses connoissances, dans ses talens, dans son respect pour les Arts, et dans sa surveillance républicaine, elle n'accorde cependant aucun murmure à ses ressentimens, aucune démarche à l'irrascibilité, aucun écrit à l'amour-propre outragé, aucune sollicitation à la délicatesse allarmée. Silentieuse, elle s'assied auprès du monument confié à ses veilles ; paisible, elle en ouvre les portes à la justice, et sept vieillards, sans autre appui que leur innocence, attendent d'un front modeste, que l'équité les rendent à la dernière jouissance de l'homme ; l'estime de ses semblables.

Cette attente ne fut pas vaine. Rien de plus précis, de plus évident, de plus lumineux, que les éclaircissemens obtenus par un examen scrupuleux, approfondi et réfléchi, fournis à l'autorité suprême par le juri des Artistes ; rien de plus mesuré, de plus détaillé, de plus concluant que le rapport du Ministre de l'intérieur au Directoire exécutif. Le Directoire fit imprimer cès diverses pièces. Elles n'avoient besoin ni de commentaires, ni d'explications, ni de paraphrases pour mieux en faire ressortir l'innocence de l'administration inculpée ; elle y étoit frappante pour tous les hommes de bonne-foi : et si l'ami des Arts eut à se réjouir de l'intégrité de leurs chefs-d'œuvre ; si l'ami de la morale put applaudir à l'humiliation de la calomnie, le véritable ami de la République y puisa de même un motif de tranquillité, en reconnoissant encore la sagacité du Directoire dans le choix des hommes qu'il investit de sa confiance.

Depuis l'impression de ces pièces, le représentant du Peuple Marin, a publié un écrit, non comme membre de la commission nommée *ad hoc*, non comme préliminaire du rapport de cette commission, mais comme opinion individuelle, dans lequel il récuse le jugement du Juri, et le rapport du Ministre de l'intérieur. Il affirme que trente Artistes, le Ministre de l'intérieur, et l'administration du Musée en imposent au gouvernement, à la

République, à l'Europe ; que la décision de tant d'hommes mérite moins de confiance que ses asser-tions ; et qu'enfin lui seul doit être crû.

Je n'examinerai point, si, lorsque l'on s'est trompé, *ou lorsque l'on fut trompé*, il y a de la grandeur d'ame à en convenir ; si le zèle que la chose publique inspire à un cœur généreux, ne recevroit pas un plus grand éclat d'un semblable aveu ; si cette franchise ne tient pas un rang essentiel parmi les vertus républicaines ; s'il n'est pas enfin de la dignité de l'homme de compter pour quelque chose dans ses devoirs, l'hommage qu'il doit à l'innocence dévoilée. Certes, si, comme moraliste et philosophe, j'avois à prononcer sur ces questions, je ne balancerois pas ; mais lorsqu'il s'agit du point de vue sous lequel un homme d'état envisage une affaire, si l'on présume que quelques observations puissent rectifier son jugement, il faut écarter d'abord les vérités de sentiment, et ne lui présenter que des vérités matérielles.

L'administration du Musée n'a point répondu au dernier écrit du citoyen Marin. Elle ne le devoit pas. Tant qu'elle fut inculpée, elle laissa aux faits le soin de prendre sa défence ; dès qu'elle est justifiée, elle doit laisser la promulgation de son innocence à l'authentique déclaration du Juri et du Ministre de l'intérieur, et à la consécration que le directoire a donnée à cette déclaration en la faisant imprimer. Son premier silence étoit un témoignage de sa vertu ; son second silence est justice pour la vertu du Juri. Par le premier, elle honoroit sa conscience ; par le second, elle ho-

nore la conscience de ses Juges. Elle n'auroit dans le fait, d'autre chose à dire au citoyen Marin que ces mots : « Vous m'avez accusée : un Juri de
» jugement a prononcé sur tous les chefs d'accu-
» sation ; il en a matériellement démontré la nullité.
» Il vous plaît aujourd'hui de répéter cette accu-
» sation ; à votre tour, frappez matériellement de
» nullité la décision d'un Juri de trente Artistes.
» Jusques-là, je n'ai rien à vous répondre, si ce
» n'est toutefois qu'il est bien douteux que, dans
» l'ordre social, lorsqu'un jugement solemnel est
» intervenu entre un accusateur et des accusés, il
» soit permis à l'accusateur de renouveller sa même
» accusation au gré de son caprice, et que peut-
» être est-il permis de penser que l'accusation, pri-
» vée du caractère de la vindicte publique dont le
» jugement rendu l'a dépouillée, ne présente plus
» dans la répétition que le caractère de la persé-
» cution. »

Quoiqu'il en soit, tel est, au moment où j'écris, l'état des choses. L'administration est complètement justifiée. Il ne reste pas même l'ombre du doute dans l'esprit de ceux qui n'ont été mus que par l'amour de la vérité dans la lecture et dans l'examen de ces pièces. Mais combien de personnes les ont lues ? Fort peu : la distribution de cet imprimé s'est faite aux autorités constituées : il n'en a presque point circulé dans le public : à peine quelques journaux en ont-ils parlé.

Il est donc possible que la dénonciation du citoyen Marin, lue de toute la France, lue dans tous les pays étrangers, puisqu'elle se trouve fondue dans une séance du corps législatif , laisse une impression que la justification de l'administration trop peu répandue n'ait pû effacer : car en prenant un terme moyen pour comparer le nombre des lecteurs de l'une et de l'autre , on verra qu'il est pour l'administration d'un sur mille. Il est possible aussi , que le dernier écrit du citoyen Marin , au 'lieu d'éclaircir l'affaire comme il paroît le desirer , n'ait fait que l'obscurcir d'avantage , puisque , plaidant au tribnnal du public , il a l'air de répondre lui-même *à des reponses* , dont la majorité des Juges qu'il invoque n'a pas la moindre connoissance.

Alors je me suis dit, ne pourrois-je pas , comme citoyen , comme ami de la justice et de la vérité , comme foible membre de la république des Lettres , cette invariable alliée de la république des Arts , ne pourrois-je pas , dis-je , rendre un service à la chose publique , en jettant quelque clarté sur une affaire de cette importance, que l'intrigue seule peut avoir intérêt a embrouiller ? Ne seroit – ce pas me faire un ami du citoyen Marin , d'un législateur estimable à tant d'égards, si je parvenois à soulever une partie du voile , que , par son agitation même il annonce avoir tant de desir de déchirer ? si je réussissois à lui montrer le terme où il doit s'arrêter, et à bien indiquer à sa sagesse , qu'en deçà de ce terme, est l'équité , et qu'au-delà est l'opiniâtreté ? si j'arrivois enfin à le convaincre que tandis qu'il a sans cesse les yeux fixés sur l'apo-théose des Arts, des méchans autour de lui, à côté de lui, derrière lui, creusent en souriant leur tombeau , dans lequel ils finiront par l'engloutir lui-même ? ne seroit - ce pas encore honorer le gouvernement de ma patrie , que de mettre dans un plus grand jour les services que ses délégués ont rendu dans les attributions qu'il leur à données ? Ne seroit-ce pas enfin rendre hommage , à ma manière , à nos généreux guerriers , en défendant à la face de l'Europe , les hommes dépositaires de leurs conquêtes ? Que risquai-je ? Rien. Je parlerai pour l'innocence : le motif est honorable. Je parlerai pour l'intérêt des Arts : le but est utile. Je parlerai pour dissiper des préventions : le résultat est heureux. Je parlerai pour déjouer l'intrigue le succès est certain. Essayons donc de fournir cette honorable carrière.

Avant d'entrer en matière, je me permettrai de dire que l'accusateur dans sa dénonciation , et que le juri dans le procès-verbal de son examen, n'ont pas , à mon avis, usé de la logique nécessaire à la clarté de l'accusation , comme à la clarté de la défense. C'est ce que je vais essayer de rétablir.

Le citoyen Marin a accusé l'administration du Musée, d'avoir ravi aux Arts et à la curiosité publique, les tableaux des écoles Flamande et Hollandaise ; d'avoir laissé plusieurs grands tableaux *au bas du grand escalier* , exposés aux injures de l'air et au choc des passans ; d'avoir laissé percer par une échelle le beau tableau de *Sneyders* ; d'avoir , par négligence, laissé plusieurs tableaux se déchirer et se perdre par un coup de vent ; de souffrir que les ouvriers travaillent dans la galerie pour encadrer les tableaux ; de permettre qu'ils déplacent et replacent sans cesse ces tableaux ; d'avoir étendu sur le parquet les tableaux *venans* de l'Italie , et de les avoir mis les uns sur les autres ; de ne pas mettre assez de précaution à leur encadrement ; de les laisser gâter par les restaurateurs ; enfin , d'avoir coupé des tableaux , etc.

Voilà donc les crimes de l'administration , selon le citoyen Marin ; mais avant d'examiner s'ils sont réels , mettons un peu d'ordre dans les époques.

Depuis 1792 , quatre administrations ou conservatoires se sont succédés au muséum.

La première fut de la création du ministre Roland , et ne géra que pendant quelques mois.

La seconde fut formée sur une motion d'ordre du réprésentant du peuple David.

La troisième fut organisée par le comité d'instruction publique.

La quatrième enfin , celle que le citoyen Marin accuse , n'a pas un an d'existence ; elle est du printemps de l'an 5.

Je prie donc le lecteur de ne pas perdre de vue qu'il y a eu quatre administrations.

Maintenant retournons auprès du citoyen Marin , et examinons de bonne foi avec lui la dénonciation , et recommençons la série des délits. Les tableaux , dit-il , des écoles flamande et hollandaise , ont été ravis aux arts et à la curiosité publique. Mais comment le citoyen Marin ne s'est-il pas rappelé que ce fut la seconde administration qui ne voulut exclusivement s'attacher qu'à l'école d'Italie ; et que la date de l'obscurité où l'on plongea les tableaux de l'école flamande, se rapporte juste à l'époque où les cartons de Jules

Romain furent exposés dans la grande galerie? C'est donc à tort qu'il accuse de ce délit l'administration actuelle , puisqu'elle n'existoit pas alors; et depuis qu'elle existe , il ne peut pas dire qu'elle ait ravi ces tableaux à la curiosité publique , puisque , faute de moyens à l'époque de sa dénonciation il n'y avoit pas encore eu d'exposition. Il falloit donc , et l'équité le vouloit , que pour ne pas induire en erreur le conseil des Cinq - cents qui l'écoutoit , la France et l'Europe qui devoient le lire ; il falloit donc qu'il dît : j'accuse une ancienne administration de telle chose , et qu'il évitât une ambiguité qui force une administration existante de répondre sur les délits de ses devan-cieres. Assurément , si la manière de procéder du citoyen Marin étoit adoptée , elle deviendroit très-embarrassante , et je doute fort , par exemple , qu'une administration républicaine trouvât très-commode de se disculper sur ce qu'auroit fait une administration aristocratique qui l'eût précédée.

Ces tableaux ont été entassés dans des salles basses et humides. Mais quand? mais , par qui ? C'étoit encore sous la gestion des administrations précé-dentes. C'est encore de leur temps que le beau tableau de *Sneyders* a été percé par une échelle ; c'est encore de leur temps que des tableaux ont été exposés au bas du grand escalier, aux injures de l'air ; c'est encore de leurs temps qu'un coup de vent enfonçant une fenétre , a fait tomber quelques tableaux qui ont été gâtés : et si tous ces délits que le citoyen Marin expose , ont été commis sous des administrations précédentes , est – il juste à lui de faire supporter ces accusations à une administration qui n'existois pas alors?

. Eh bien , je dois imiter la modération de l'administration actuelle. Je dois dire que ces prétendus délits que le citoyen Marin a présentés comme si terribles , comme si concluans , lorsqu'il les appliquoit à l'administration actuelle, qui, certe, pouvoit bien se dispenser d'y répondre, puisqu'ils ne la regardoient pas, cessent cependant encore d'être le sujet d'un reproche , quoiqu'ils tombent tout entiers sur des administrations précédentes. En ne précisant pas les dates des délits , l'on a forcé les conservateurs actuels à jouer un rôle bien extraordinaire , et cependant bien magnanime, c'est-à-dire à devenir les avocats de leurs prédécesseurs, et peut-être même de quelques hommes qui voudroient se mettre à leur place. L'administration que l'on accuse , n'existoit pas quand les tableaux des écoles Flamande & Hollandaise ont été ravis aux regards du public ; mais elle pourroit répondre que l'administration qui existois alors, a pu penser que l'exposition de la seule école Italienne pouvoit être plus profitable aux Artistes , et plus intéressante pour le goût : ce ne seroit pas un crime, ce seroit tout au plus une erreur d'opinion.

L'administration que l'on accuse n'existoit pas quand ces mêmes tableaux flamands et hollandais ont été entassés , comme on le dit , dans des salles du rez-de-chaussée , fermées et humides : mais elle pourroit répondre que l'administration d'alors n'a pas dû laisser ces tableaux appendus aux murs, pendant qu'on plaçoit le parquet de la grande galerie ; qu'en fait de dépôt, une administration est forcée de se servir des locaux qu'elle possède, quand elle n'a pas le choix ; qu'on ne peut pas appeler salle au rez-de-chaussée, des salles qui terminent le cordon dn premier étage de la galerie qui joint les Tuileries au Louvre ; qu'elles ne pouroient recevoir cette dénomination que du jardin de l'Infante, qui ne les borde que sur une face ; qu'on ne peut pas dire que des salles sont fermées, quand elles ont des croisées de vingt pieds de proportion ; qu'on ne peut pas prétendre qu'elles sont humides, quand leur exposition est au midi, quand la peinture à fresque de leurs plafonds, quand les lambris dorés dont leurs murs sont revêtus, quand les parquets prétieux dont leurs planchers sont couverts, sont encore, au bout de cent cinquante ans de durée, dans leur première fraîcheur et dans la plus parfaite intégrité ; qu'enfin cette humidité prétendue est un être de raison pour tous ceux qui, comme le citoyen Marin, par exemple, ont visité ces salles.

L'administration que l'on accuse n'existoit pas, quand le superbe tableau de Sneyders a été percé de part en part par une échelle ; mais elle pourroit répondre qu'il seroit d'une prévention manifeste de faire un crime à une administration quelconque, d'un accident tel que la chûte d'une échelle pendant les heures des travaux. En argumentant d'après un semblable paradoxe, jusqu'où n'entraîneroit-il pas le dénonciateur ? Ainsi donc, en transformant en crime le déchirement d'un tableau occasionné par la chûte d'une échelle ; par la même conséquence, si un homme se fût trouvé sur cette échelle, et qu'en tombant il se fût tué, l'administration seroit donc convaincue d'homicide, et l'on auroit le droit de l'en accuser. Ah ! citoyen représentant ! Si jamais quelque idée peut porter l'épouvante dans le cœur de l'homme méditatif, et conséquemment du législateur, c'est lorsqu'il est question de criminaliser un acte fortuit. On pose bien le premier anneau de cette idée ; mais quel mortel oseroit en suivre la chaîne !

L'administration que l'on accuse n'existoit pas lorsque le vent enfonça une fenétre et renversa quelqnes tableaux ; mais elle pourroit répondre que ce n'est pas même le motif d'un reproche de négligence envers l'administration d'alors. Un vent qui déracina dans les Tuileries des arbres de quarante pieds de flèche, a bien pu enfoncer une fenétre de la galerie du muséum.

L'administration que l'on accuse n'existoit pas lorsque l'on plaça des tableaux au bas du grand escalier ; mais elle pourroit demander quelle administration auroit été bien venue de résister au comité de salut public, qui vouloit, dans le délai de vingt-quatre heures, un emplacement pour la bourse ? Mais elle pourroit demander en quoi cette disposition forcée mérite un reproche, quand les tableaux en question sont encore entiers et intacts ?

J'imagine que c'est à-peu-près là l'esprit des réponses faites par l'administration, et vérifiées par le juri. Le citoyen Marin a prétendu, dans son dernier écrit, qu'elles n'avoient pas détruit son accusation. Il de-

voit se contenter, ce me semble, que l'administration actuelle eût bien voulu répondre à des faits qui
ne la regardent pas, et prendre sur elle de justifier
la gestion de ceux mêmes qu'il protège. Si ces réponses
ne le satisfont pas, qu'il s'adresse donc au citoyen
Picault, qu'il connoît puisqu'il en fait l'éloge, et que,
dans son dernier écrit, il regrette de voir éloigné de
la place d'administrateur. Le citoyen Picault régis-
soit alors le muséum ; il doit être mieux instruit de tous
ces faits que l'administration actuelle.

Il me semble que j'ai déjà parcouru une grande
masse des délits spécifiés par le citoyen Marin. Ce sont
bien les plus importans sans doute, puisqu'il s'agit de
tableaux précieux, ou déchirés, ou brisés, ou exposés
aux injures de l'air au bas d'un escalier, ou abandon-
nés à l'humidité pendant des années entières, dans des
salles mal saines. Le citoyen Marin en a accusé l'administration : j'ai prouvé que physiquement elle n'avoit
pu en être coupable, puisqu'elle n'existoit pas. Alors
on pourroit demander au citoyen Marin, pourquoi
donc il l'en a accusée ? mais cette question n'entre
pas dans mon sujet ; elle n'est ni dans mon cœur, ni
dans l'esprit de cet écrit : je veux cicatriser des bles-
sures et non pas les aigrir. Passons maintenant aux
articles de la dénonciation, qui tombent plus particu-
lièrement sur l'administration actuelle.

Je ne croirai pas m'écarter du respect que je porte
à un représentant du peuple, en disant que quelques-
uns de ces articles sont futiles. Le zèle s'exagère tout,
et son esprit rend estimables les reproches mêmes les
plus dénués de fondement.

Par exemple, se plaindre que des gardiens ou des ouvriers transportent, dérangent, déplacent des tableaux à chaque instant et sans raison, c'est ne pas réfléchir sur le caractère des hommes et des choses. Il n'est point d'ouvrier qui se donne une fatigue pour le plaisir de la prendre; il n'est point de gardien qui osât déplacer sans l'ordre de ses chefs; il n'est point d'administrateur qui ordonne un déplacement sans motif. Pour déterminer le choix des tableaux que l'on devoit envoyer au musée de Versailles, il a fallu que des ouvriers en remuassent souvent pour les faire passer tour à tour sous les yeux du juri nommé pour ce choix.

C'est encore une plaisanterie de faire un crime à l'administration, de la poussière occasionnée dans la galerie par *le très-petit nombre* d'ouvriers (ils sont trois) qui préparent les cadres. Où veut-on que les tableaux soient encadrés, si ce n'est dans la galerie? Quelle poussière peuvent occasionner les marteaux et les rabots de trois hommes, dans un local de douze cents pieds de long? Il est étonnant que l'on ne fasse pas aussi un crime à l'administration, de la poussière que le public occasionne les trois jours décadaires de l'ouverture publique.

C'est encore une plaisanterie de présenter comme un délit un orage qui survint en thermidor, pendant que l'on chargeoit des tableaux sur une voiture; il y a un peu d'impiété dans la dénonciation, car la divinité est pour quelque chose dans le délit.

Mais c'est sur-tout une plaisanterie de faire un crime à des hommes, de ce qu'ils font charger cette voiture dans la rue plutôt que dans la cour du muséum, tandis que la porte de cette cour est trop étroite pour le passage d'une voiture.

C'est encore une plaisanterie de dire que les tableaux apportés de l'Italie, ont été mis l'un sur l'autre sur le parquet de la galerie, tandis qu'ils en ont occupé une surface de cinq cents pieds au moins, où trop de curieux sont venus les admirer, pour que cela fasse la matière d'un doute.

C'est encore une plaisanterie de prétendre qu'on les érailloit en les tirant les uns sur les autres, et de dire en même temps qu'il falloit les couvrir avec des toiles cirées, comme si les toiles cirées, en les étendant ou en les retirant, n'eussent pas pu les érailler aussi.

Que de plaisanteries dont on a voulu faire des choses sérieuses, parce qu'on ne vouloit pas dire sérieusement le mot de l'énigme, parce qu'on ne vouloit pas avouer le véritable motif de l'intrigue !

Que le cit. Marin ne s'effarouche pas à ce mot ! Il suffit de parcourir sa dénonciation première et son second écrit, pour voir combien cette intrigue lui est étrangère. Les anachronismes de la dénonciation et de l'écrit en sont la preuve, et le caractère du citoyen Marin en est le garant. Mais si cela est, dira-t-on, comment alors existe-t-il de l'intrigue dans la persécution que l'on faisoit éprouver à l'administration du musée central ? Ceux qui raisonneroient ainsi, n'auroient que bien foiblement étudié le cœur humain. Les gens de bien n'ont qu'une connoissance superficielle de l'ame des intrigans ; voilà pourquoi chaque jour ils en sont la dupe. Les intrigans, au contraire, ont l'exacte topographie du cœur des gens de bien ; voilà pourquoi ils les abusent à chaque instant. Ils savent à merveille quelle est la passion qu'il faut caresser à propos ; quelle corde sensible de l'amour-propre il faut toucher ; quelle est la vertu de prédilection qu'il faut éveiller ; et habiles dans l'art de dresser leurs pièges, plus le cœur qu'ils attaquent est pur, plus ils sont sûrs du succès.

En conséquence de cette vérité, il importoit peu aux intrigans que des tableaux eussent été négligés, percés, déchirés ; qu'on les eût étendus de telle ou telle manière, et mille autres choses semblables dont on a formé le corps de la dénonciation ; mais ils ont senti que ces assertions, cruement presentées, excite-roient le ressentiment d'un représentant, ami de l'ordre, et qui se dit ami des arts. Ainsi, par exemple, ils auront avancé tous ces griefs, et en auront fait l'enveloppe de l'article des restaurations qui seul les touche. Le véritable crime aux yeux de l'intrigue, le seul qui l'anime contre l'administration, est le jour qu'elle a porté sur le charlatanisme des restaurations ; est l'écroulement d'un édifice de fortune, bâti jusqu'ici sur la crédulité publique ; est enfin l'économie qu'elle a valu au trésor public, en parvenant à faire bien faire aujourd'hui pour deux cents francs, ce qu'on faisoit mal pour huit, dix et douze mille francs.

L'art des restaurations avoit été, jusqu'à ce jour, le secret des adeptes. On dévoile ce secret : *quel attentat !* La chimie des souffleurs n'étoit pas plus fertile en ingrédiens de tout genre, en phioles de toute espèce, en fourneaux de toute grandeur. On brise les fourneaux et les phioles : *quelle audace !* A la faveur des qualités occultes de cette science, on faisoit payer

au

au gouvernement et aux particuliers des frais de restauration, quelquefois triples et quadruples de la valeur intrinsèque du tableau, et l'on prouve que cette science occulte n'a d'autres qualités qu'une manipulation que tout homme intelligent peut faire, et l'on se voit ainsi tout-à-coup privé d'une fortune fondée sur la crédulité publique, et d'une gloire étayée sur le charlatanisme adroit : *quel désespoir !* Aussi que de précautions pour arriver à ce point important, à ce point unique du ressentiment des intrigans ! Comme cette accusation de *restaurations mal faites* marche, pour ainsi dire, honteuse et clandestine à la suite des autres ! Sous quel échaffaudage de délits majeurs en apparence, et chimériques en réalité, l'on a tenté de l'ensevelir ! Comme on essaie de la faire passer en contrebande à côté de griefs de *meilleur* aloi ! Comme l'on reconnoît l'inquiétude où l'intrigue s'est vue livrée, que la sagacité du représentant du peuple Marin ne devinât que c'étoit là le but des renseignemens machiavéliquement désintéressés, qu'on lui donnoit *incognito ! Les restaurations ont été mal faites !* qui en doute ? Toute opération qui n'enrichit pas la paresse, l'ignorance et le charlatanisme, doit être détestable. Une administration s'est avisée de croire que le premier de ses devoirs étoit d'économiser les fonds publics; que le second de ses devoirs étoit de s'entourer des hommes les plus célèbres dans l'art des restaurations; que le troisième de ses devoirs étoit de les faire travailler publiquement, afin que les artistes, et successivement le public, vissent tomber les écailles dont leurs yeux étoient couverts. C'est un grand crime qu'elle a commis ! Et Galilée a bien aussi commis celui

B

de prétendre que la terre tournoit : mais qu'y faire ? Une administration qui sappe des erreurs antiques, et prend à cœur l'intérêt de la chose publique, est un de ces phénomènes du nouvel ordre de choses auquel il faut pourtant bien s'accoutumer.

Au reste, que le lecteur ne s'imagine pas que je sois le seul qui pense sur le compte de l'administration actuelle du musée central, tout ce que j'en ai dit jusqu'ici. Quand je touche au terme des vérités que j'avois à dire sur son compte, il faut présenter au lecteur des noms bien autrement importans que le mien, qui, avant moi, ont signé ces vérités. Ce sont les citoyens Monge, Moreau jeune, Tinet, Langlier, le Barbier ainé; Vien, Peyron, le Monnier, Perrin, Sablé, Lethiers, Vincent, Fontaine, Sauvage, Hacquin, Chalgrin, Hubert, Vanspaendonck, Berthelemy, Reizer, Michaud, Hue, le Brun, Machi, Renaud, Bertholet, etc.

Tels sont cependant les hommes que, dans son dernier écrit, le citoyen Marin ne juge pas susceptibles d'en être crus en matière d'arts. Leur rapport, dit-il, n'est qu'une réponse *incomplète et astucieuse* à quelques-uns des faits. Incompète ! Eh ! quel est celui des reproches, même le plus minutieux, qu'ils aient dédaigné d'approfondir ? Tant d'hommes graves, tant d'hommes célèbres ont bien voulu descendre jusqu'à prouver que trois encadreurs ne pouvoient pas faire de poussière dans une galerie d'un demi-quart de lieue. Astucieuse ! Eh pourquoi ? qu'avoient-ils à craindre ? qu'avoient-ils à cacher ? quel intérêt pouvoit imposer silence à leur probité ? les arts leur sont-ils moins chers qu'au citoyen Marin ? s'y connoissent-ils moins que lui ? les ont-ils moins pratiqués ? Quoi ! je vois , parmi ces hommes ; les cinq commissaires qui ont recueilli les tableaux en Italie , et je n'en croirai pas ces hommes sur l'état où étoient ces tableaux , davantage que le citoyen Marin qui étoit à cinq cents lieues de-là ! Quoi ! je vois , parmi ces artistes , ceux qui les ont inventoriés à leur arrivée , et je ne les croirai pas plus que le citoyen Marin qui n'a point assisté à leur décaissement ? Quoi ! vingt six hommes , autant honorés par leurs mœurs que par leurs talens , s'entendent , s'accordent , s'unissent pour se couvrir *bénévole* de l'opprobre éternel d'un mensonge éclatant ! A qui parviendra-t-on à le faire croire ?

Mais par quelle raison leur jugement est-il donc si suspect au citoyen Marin ? parce qu'ils furent académiciens , dit-il. Oh ! je l'avouerai , vainement ici je cherche le législateur , je ne trouve plus que l'homme prévenu. Certes, mon opinion sur le vice des anciennes académies s'est assez prononcée ; et peut-être , dans mes écrits , en ai-je parlé avec plus de force , plus de courage , plus de fierté qu'un autre. Mais quel rapport existe-t-il entre l'inconvenance et les abus d'une institution vicieuse , et les talens et les connoissances individuels des hommes jetés par le temps dans ces institutions ? Le vice des académies appartient de fait aux créateurs académiques , comme les talens académiques appartiennent de droit aux créatures académiciennes. Chacun son partage. Les torts aux Richelieu , les vers à Voltaire. La prévention juge l'homme en dedans des institutions , la sagesse ne le juge qu'en dehors, et le législateur doit considérer l'homme sur ce qu'il peut , non sur ce qu'il fut.

Bien plus ? si c'est un affront d'avoir été académi-
cien, pourquoi le citoyen Marin le prodigue-t-il en
masse à ces vingt-six hommes ? Combien d'entr'eux
ne le furent pas ? On ne doit jamais déshonorer quel-
qu'un sans réflexion ! Pourquoi ? c'est qu'avec réflexion
on ne déshonore jamais personne.

Mais encore, par quel prestige les ci-devant académiciens sont-ils, *ad libitum*, tantôt bons, tantôt
mauvais juges dans la même cause ? Dans l'origine de
la dénonciation, lorsque le conseil des cinq-cents
nomma une commission pour en connoître, et que
le citoyen Marin fut membre de cette commission,
et conséquemment accusateur et juge tout à-la-fois, le
citoyen Marin convoqua cinq artistes pour examiner
la conduite de l'administration du musée central. De
ces cinq artistes, trois furent académiciens. Si l'avis
de trois ci - devant académiciens pouvoit être bon,
quand le citoyen Marin les convoquoit, comment,
dans la même cause, l'avis de trente ci-devant académiciens peut-il être mauvais quand ils sont convoqués
par le directoire ? Et si, par hasard, l'administration
eût été coupable, et que le juri eût prononcé que le
citoyen Marin étoit fondé dans son accusation, se
seroit-il souvenu que les membres du juri étoient des
ci-devant académiciens ? et auroit-il demandé que
d'autres juges eussent été nommés, parce que des académiciens ne pouvoient pas bien juger ?

C'est cependant sur cette hypothèse, que vingt-six
ci-devant académiciens, ou prétendus tels, ne peuvent être aptes à juger en matière de l'art, que le cit.
Marin, dans son dernier écrit, prétend que l'administration est bien loin d'être justifiée, et redonne

une seconde édition des délits. qu'il lui reproche , et toutefois avec une nuance d'humeur de plus. Peut être même cette humeur rend-elle souvent le citoyen Marin assez distrait pour lui faire, dans ses citations, présenter le défaut de la cuirasse assez visiblement , pour qu'un adversaire, qui auroit dans l'affaire un intérêt particulier que je n'ai pas, pût en profiter. Par exemple , lorsqu'il fulmine contre de prétendues coupures faites à des tableaux , n'est-ce pas une irréflexion notable d'appuyer son *horreur contre ce sacrilège*, sur l'autorité du livre du citoyen Lebrun , marchand de tableaux ? Or je m'empresse de recourir à ce livre; quel est mon étonnement de le rencontrer si différent d'opinion avec le citoyen Marin ! Voici les propres expressions du citoyen Lebrun , *pag.* 58 , ECOLE LOMBARDE. Il s'agit de l'une des plus grandes machines du GUIDE , d'un tableau de 21 pieds de haut , et 10 pieds $\frac{1}{3}$ de large , connu sous le nom des SS. Protecteurs de Bologne. Après avoir fait la description de ce beau tableau , voici textuellement ce que dit l'auteur : *Si ce tableau m'appartenoit, je n'hésiterois pas à le* COUPER *pour en faire deux ; ils y gagneroient l'un et l'autre , et les beautés qui sont dans la partie du haut , vues de plus près , seroient mieux senties.* Eh ! quoi donc ? Le plus grand connoisseur en tableaux de toute l'Europe , de l'aveu même du citoyen Marin , le citoyen Lebrun affirme que d'un tableau du GUIDE, on peut en faire deux , qu'on pourroit le COUPER sans inconvénient , et qu'à ce scindement , les deux parties d'un même sujet y gagneroient ; et l'on veut crier à l'attentat , au viol , au meurtre , parce que , dans le haut d'un tableau de SCHIDONE , on aura coupé une bande de trois pouces. (et non pas de neuf pouces, comme l'avance le citoyen Marin), d'un fond absolument noir , insignifiant , inutile à l'effet , et que le maître n'avoit exhaussé que pour se conformer à la place. Si l'on vouloit qu'une opération prescrite par le goût , fût réputée un crime , il ne falloit donc pas citer l'autorité du citoyen Lebrun , qui nous apprend que l'on peut, sans inconvénient, couper en deux un tableau du GUIDE, qui vaut bien le SCHIDONE. Si l'on vouloit encore que le reproche conservât au moins l'air de la vraisemblance, il ne falloit pas abuser de la véracité de l'administration sur le SCHIDONE, pour supposer qué dix autres tableaux ont été coupés , et les désigner par leur nom, pour donner plus de poids à la supposition. Eh ! quel est l'homme sans passion, qui ne reconnoisse ici ce *crescendo* de calomnie, ce *chorus* de haine et de proscription , si bien peint par le Basile de Beaumarchais, aujourd'hui dirigés, *à dire d'experts*, sur l'administration du musée ? et ne peut-elle pas bien, à son tour, s'écrier aussi: *Nous avons ici des gens d'une adresse !* ...

Voilà pourtant les erreurs auxquelles on s'abandonne, quand on se rend , sans le savoir, l'organe de quelques gens passionnés, et lorsque l'on se mêle de raisonner sur des sciences ou des arts que l'on ne connoît pas: car il ne suffit pas de se proclamer ami des arts ou des sciences, pour être artiste ou savant. Il en est des arts , des sciences et des lettres, comme des hommes. Beaucoup d'amis de nom, bien peu de véritables. Les arts sont des souverains : c'est par orgueil qu'on se dit leur ami. Au creuset tous ces amis, que trouve-t-on ? des avantageux , et rien de plus.

Assurément , on ne doit pas induire de cette réflexion , que le citoyen Marin ne soit pas un sincère
ami des arts ; mais à ceux qui connoissent les procédés
des arts, il leur est permis d'induire, des reproches qu'il
fait à l'administration , qu'il n'a pas', dans les arts ,
des connoissances égales à l'amour qu'il leur porte.
Par exemple, il avance que l'on a frotté , lavé , net-
toyé , avec très-peu de précaution les VANHUISUM,
et qu'ils sont dégradés. Cette découverte , dit-il , est
le fruit de son examen. Pour examiner avec fruit
l'état d'un tableau, il faut connoître les procédés
du maître qui l'a peint , et cette étude préliminaire,
le citoyen Marin ne l'a pas faite. Il sauroit alors que
VANHUISUM, et plusieurs autres peintres hollandais et
flamands , préparoient *leurs verts* avec l'outremer et
la gomme-gutte ; il sauroit que le laps du temps fait
évaporer les gommes ; il sauroit que l'outremer est la
seule des couleurs qui ne s'altère jamais ; il sauroit
que , dégagée de l'amalgame de la gomme-gutte , qui
lui donnoit la couleur verte , elle reprend sa couleur
primitive qui est le bleu : et ainsi, il ne diroit pas
qu'un tableau est dégradé , parce qu'il y a apperçu
bleu ce qui devroit être, et ce qui étoit vert en effet,
lorsque le maître l'a composé. Bien plus, si à cette
connoissance , il joignoit celle de l'historique des tableaux , non moins nécessaire quand on veut accuser
ceux qui les conservent , il sauroit qu'aucun des tableaux de VANHUISUM, possédés par le gouvernement,
n'a été restauré depuis leur entrée en France , à l'ex-
ception d'un seul que d'Angivilliers fit restaurer, sous
l'ancien régime, par le citoyen VANSPAENDONCK l'aîné,

que l'on ne taxera pas d'ignorance dans les tableaux de fleurs.

Après avoir, par tant de vérités manifestes, repoussé les attaques multipliées contre l'administration du Musée , je ne m'arréterai pas à la légère inconséquence pour un homme d'état , qui lui fait en finance, confondre les espèces. L'administration à l'époque de la dénonciation n'avoit reçu que 5,566 francs. C'est un fait, le Ministre de l'intérieur l'affirme. Le traitement des sept membres de l'administration et de leurs employés, s'élève par an à 31,900 fr. , qui sont *bien payés*, dit le citoyen Marin ; et il en conclut que le Ministre en impose , en disant qu'elle n'a reçu que 5,566 francs. Et c'est un législateur qui confond et le traitement des agens , et les dépenses de l'établissement ? C'est un oubli , sans doute.

5,566 francs ! voilà donc la recette d'un an : et le citoyen Marin fait un crime à l'adminitration de la lenteur des travaux !

31,900 francs ! voilà le traitement annuel d'une administration entière : et le citoyen Marin crie à la dilapidation des deniers publics ! et il s'agit du plus important établissement dans les Arts, dont l'existance , à la paix fera circuler chaque année, dans Paris, quatre à cinq millions ; qui sait ? le double peut-être.

Je ne ferai pas rougir l'administration en relevant l'expression, *bien payés*. Républicaine de cœur et de conduite , elle ne s'occupe pas si elle a cinq mois arriérés de son traitement. Oui, elle est bien payée de ses travaux par sa conscience , par l'estime du gouvernement , par la vénération de tous les gens instruits , et par le souvenir que laisse dans l'ame des vieillards une vie utile , honnête et probe. Quand on est payé de la sorte , on ne s'inquiète guères s'il reste d'autres paiemens à percevoir. (1)

____

(1) Loin de s'élever contre ce traitement, si modique cependant si on le compare à ceux de toutes les autres administrations de sciences quelconques, traitement qui ne sera que provisoire si on le veut, et qui sur-tout a l'avantage inappréciable de n'être pas susceptible de se voir centupler pour l'entretien d'un nombre considérable de professeurs, qui, très-utiles sans doute, rendent cependant tant d'autres administrations si onéreuses au trésor public, on devroit, ce me semble, considérer que cet établissement est le seul qui, dans très-peu de temps, peut non seulement ne rien coûter à l'état, mais encore lui rapporter des bénéfices importans. Je n'entends point parler ici de ce que jettera dans la circulation le concours des étrangers attirés par la curiosité, mais bien des ressources intérieures de l'établissement. Quand, aux moyens des localités, la calcographie sera établie, on ne peut calculer jusqu'où s'étendra cette nouvelle branche de commerce. D'un autre côté, si la vente du petit nombre de catalogues que l'on a mis au jour jusqu'ici est venue au secours de l'établissement en général, (car le produit n'en est point versé dans la poche des administateurs, comme la calomnie a plus d'une fois cherché à le faire entendre) combien cette vente ne sera-t-elle pas plus fructueuse encore, quand ce catalogue comprendra le Muséum en entier, et sera devenu véritablement un corps d'ouvrage de tous les temps , et conséquemment recherché journellement par les amateurs ? Peut-être même le gouvernement, dans sa sagesse, trouvera-t-il des moyens d'accroître encore la richesse de cette mine. Peut-être trouvera-t-il, par exemple, qu'en accordant un jour gratuit par décade à la curiosité publique ; et choisissant naturellement le décadi, parce que c'est le jour du

Voilà donc au grand jour la conduite de ce*
coupables, pour me servir de l'expression favorite
du citoyen Marin : expression, que dans mon ignorance littéraire, j'avois cru jusqu'ici réservée aux
voleurs, aux assassins, aux incendiaires, aux em-
poisonneurs, aux conspirateurs, et que, long-temps encore, il me sera difficile d'associer aux noms des diffé-
rens membres qui composent cette administration.

Qu'opposera à cette lumière le citoyen Marin ?
Les notes qu'on lui a fournies. Des notes ! où en
sont les auteurs ? Pourquoi se cachent-ils ? Quand il
y va du bien public, n'est-ce pas gloire de se
montrer ? On ne se montre pas : il y a donc de
l'intrigue ? Et qui en doute ? Depuis six mois ne
s'est-elle pas prononcée ? Ne remplit-elle pas les
journaux d'articles insidieux ? N'affecte-t-elle pas le
système de la muséomanie ? Ne veut-elle pas s'em-
parer des antiques, et les séparer du Muséum de
peinture, quand les besoins de l'art, les convenances,
et peut-être plus encore la philosophie et les progrès
des lumières parmi le peuple, exigent impérieuse-
ment ce rapprochement ? Je dis philosophie et pro-

repos et des loisirs du peuple, on pourroit, les autres jours, soumettre les curieux à l'obligation de prendre, en entrant, un
catalogue dont le prix seroit raisonnablement fixé, et qui leur
tiendroit lieu, pour ainsi dire, de billet d'entrée. Il est encore
mille autres moyens de faire tourner cet établissement au plus
grand avantage du trésor public, sans rien ravir à la majesté
nationale, à la dignité du gouvernement, et au respect dû aux
arts, et qui, pour les approfondir et les discuter, mériteroient
un ouvrage particulier.

grès de lumières ; et en jettant en avant cette idée, c'est aux penseurs que je m'adresse. Je ne l'expliquerai point, trop de gens ne m'entendroient pas.

J'ignore si en politique, il est bon , il est juste, d'asseoir un acte d'accusation sur des notes confidentielles ; mais je sais qu'en morale, se sont d'abord les notes confidentielles qu'il faut assujétir à un jugement, avant d'arriver à ceux qu'elles accusent. Un intérêt quelconque porte à fournir des notes, un autre intérêt encore détermine à conserver l'anonyme. Ce sont ces deux intérêts qu'il faut bien juger avant d'user de ces notes. Si l'amour pur de la chose publique est l'unique intérêt qui fait rédiger les notes, alors il n'est plus d'intérêt qui conseille l'anonyme. Mais si l'anonyme est l'une des conditions requises pour faire usage des notes , c'est qu'il est dans les notes un intérêt que l'on n'ose pas avouer. La crainte en pareil cas de se faire des ennemis est une excuse frivole. On ne se fait point d'ennemis quand on se montre ouvertement pour l'avantage de la chose publique ; et se fut-on trompé sur les moyens de parvenir à cet avantage , on a toujours pour soi les gens de bien qui jugent l'intention. Le citoyen Marin en est la preuve. Sa dénonciation le rend digne d'estime. Il est dans l'erreur, mais il n'y a rien de clandestin dans sa marche , et son motif est pur. Maintenant j'en appelle à sa probité. Rend – il au fond du cœur aux anonymes fournisseurs de notes, la même justice que je lui rends ?

Ce n'est pas à moi, sans doute, citoyen isolé,

écrivain sans mission dans une affaire de cette importance, qu'il appartient de porter la conviction dans son esprit ; c'est au Muséum en tout temps ouvert à ses regards, c'est à la conduite des administrateurs, en tout temps ouverte à l'examen, que ce droit est réservé. Qu'il daigne, dépouillé de toute prévention, promener ses yeux sur les chefs-d'œuvre des Arts, et lire dans l'ame de leurs conservateurs ; qu'il y lise de ses propres yeux, et non avec les lunettes trompeuses de ses anonymes. Qu'il vienne seul au Muséum, et non avec des acolytes mystérieux, qui, heureusement pour les Arts, ne dégradent les tableaux que sur parole. Et j'ose prédire qu'il conviendra bientôt que sa religion fut trompée ; que tout, jusqu'a l'organisation même de l'administration, lui a été présenté sous de fausses couleurs. Il lui suppose un chef et des sujets ; et il n'est point d'administration où l'égalité soit plus établie. Elle est, comme toutes les bonnes institutions, composée d'un pouvoir législatif et d'un pouvoir exécutif. Sept hommes délibèrent, deux hommes exécutent. Il n'y a ni louanges, ni improbations partielles à donner. Soit fautes, soit succès, tout y est commun. (2)

____

(2) Cette organisation, dont le tableau est affiché jusque dans les salles publiques du Muséum, et que conséquemment tout le monde peut consulter, est on ne peut pas plus simple. On y reconnoît que rien ne peut se faire sans l'assentiment du conseil ; que l'administrateur et l'adjoint ne peuvent rien prendre sur eux sans que le conseil l'ait ordonné : ils ont également voix délibérative à ce conseil, et lui doivent compte. Rien n'est donc soumis à l'arbitraire : toutes les différentes attributions sont parfaitement distinctes.

Avec quelques méditations sur la perversité du cœur humain, malheureusement trop commune, il devinera que la direction d'un établissement qui renferme non seulement tant de richesses d'arts, mais encore tant de débris du garde-meuble en matière d'or, d'argent et de pierres précieuses, peut-être envié par des mains peu délicates; il réfléchira, que si par une véritable calamité publique l'intrigue l'emportoit, chose impossible sous un gouvernement qui veut le bien avec un volonté d'airain, la civique probité des conservateurs actuels leur commanderoit peut-être, en leur qualité de citoyens, de ne pas désemparer qu'un inventaire authentique de tant de richesses, n'assurât au moins leur destinée future.

En analysant les convenances des emplois publics avec les professions privées, il reconnoîtra qu'il

---

Au reste, l'idée d'avoir composé ce conseil de cinq artistes d'un âge avancé est bien sentie; l'humanité et l'utilité s'y trouvent réunies. Lorsque le poids des ans les ravit à leurs travaux, on trouve par là les moyens de tourner encore leurs services à l'avantage des arts; et ils trouvent dans cet emploi de leurs derniers jours une récompense honorable des talens qui ont illustré leur vie. Il n'est point un bon cœur qui ne se réjouisse de voir le patriarche de la peinture, le respectable citoyen Vien, être ainsi à l'abri de l'infortune, et qui n'éprouve de la reconnoissance pour le gouvernement qui vient, avec une semblable délicatesse, au secours d'un talent presque octogénaire. De plus, cela active l'émulation parmi les artistes, puisque chacun d'eux peut à son tour espérer cette espèce de retraite. On ne sauroit trop applaudir aux institutions, ce me semble, où se trouvent réunis le bien public et la philantropie.

en est d'incompatibles avec la conservation du Musée,
quoi qu'elles tiennent par quelques rapports aux
arts de la peinture. Telle est la malheureuse foi-
blesse de l'humanité, que l'expérience a prouvé trop
de fois qu'il ne faut pas mettre la probité aux
prises entre les intérêts particuliers et les intéréts
publics, entre le desir de la fortune, si commun
dans tous les humains, et l'austérité des devoirs si
facilement oubliée par la plus part des hommes.
C'est ainsi, que, comme législateur, le citoyen
Marin étudiant la scéne du monde, reconnoîtra,
par exemple, le danger de confier la garde d'un
immense dépôt de tableaux d'un grand prix, à tout
homme, dont l'unique profession est d'en faire le
commerce, à tout homme, dont l'unique profession
est de restaurer ceux que le temps, ou des accidens
altèrent, à tout homme, dont l'unique talent est de
copier avec exactitude des dessins, et dont les copies
par leur extréme ressemblance, font disparoître les
originaux aux yeux même les plus exercés. Dix
fois, et je n'en doute pas, on pourra rencontrer
parmi les hommes de ces diverses professions la plus
scrupuleuse sévérité dans les principes, mais à la
onzième, on peut y étre trompé; et la Nation la
plus riche de l'univers en chefs-d'œuvres des arts,
qui ne peut mettre en parallèle de l'immensité de
ses possessions, à cet égard, que l'immensité de sa
gloire, pourroit se trouver, au bout de quelques années, n'avoir plus qu'un amas de copies, en place
d'une collection innouie d'originaux sublimes, ou une
foule d'originaux que l'on auroit exposés à des accidens pour le seul avantage de les restaurer, ou une

foule de papiers crayonnés que l'on auroit substitués
aux premières idées des grands maîtres. Et alors où
seroit la ressource ? Le plus effrayant des maux est
celui que la punition des coupables ne répare pas;
et c'est la vérité de cette pensée qui donne à l'as-
sassinat la suprématie parmi les crimes.

Après avoir parlé de la sorte à la raison, à l'esprit et aux lumières du citoyen Marin , qu'il me
soit permis de parler un moment à son cœur. Je
trouve dans son dernier écrit cette phrase remar-
quable : « Quel peut-être , dit-il , pour les citoyens
» timides, isolés , éloignés du centre du pouvoir ,
» l'espoir et l'appui, si ce n'est le courage de leurs
» représentans ?

Je l'ai dit plus haut ; l'intrigue adroite et tortueuse
connoît à merveille la vertu de prédilection qu'il
faut éveiller dans un homme. Elle a connu le courage du citoyen Marin , et l'a stimulé. Mais si ce
courage à frappé sur des citoyens timides, isolés ,
éloignés du centre du pouvoir, je vous demande à
mon tour où sera leur espoir et leur appui, quand
ils voyent se tourner contre eux le courage d'un
représentant , qui selon vous même , doit être l'espoir et l'appui des citoyens timides, isolés, éloignés
du centre du pouvoir. Leur refuserez-vous les qualités que vous exigez pour être leur appui et leur
espoir. Ils sont timides, c'est la vertu des talens ;
ils sont isolés, ce sont les mœurs des artistes ; ils
sont éloignés du centre du pouvoir , c'est le cercle
prescrit à leurs fonctions. Ils sont timides , c'est
la conséquence d'une vie honnête ; ils sont isolés,

c'est le résultat des grandes réputations ; ils sont éloignés du centre du pouvoir, c'est la marche d'une ame pure qui se repose sur elle même. Ils sont timides, c'est la critique de leur siècle ; ils sont isolés, c'est la condamnation de leurs contemporains ; ils sont éloignés du centre du pouvoir, c'est un avertissement à l'intrigue. Quelle fatalité leur ravit donc en vous cet appui, cet espoir que le courage des représentans doit aux citoyens timides, isolés, éloignés du centre du pouvoir ? Comparez ceux-ci avec ceux qui ont abusé de votre confiance. Ils ne sont pas timides ceux qui furent vous chercher pour vous fournir des notes ; ils ne sont que poltrons, puisqu'ils veulent être cachés ; ils ne sont pas isolés, c'est un jeu de hasard que l'intrigue, il ne manque pas de croupiers ; ils ne sont pas éloignés du centre du pouvoir, puisqu'ils ont mis en action un représentant du Peuple, un magistrat suprême. Des deux côtés de quoi y alloit-il ? Du côté des conservateurs de perdre en un jour leur réputation, leur honneur et leurs emplois ; du côté des donneurs de notes, d'obtenir des emplois, et d'étayer peut-être leur honneur et leur réputation, ou à défaut de succès, de se trouver *in statu quo :* Eh ! je vous le demande alors, auquel des deux côtés deviez-vous, d'après vos principes cités, appui et espoir, comme représentant du Peuple ?

Certes, je n'irai pas me compter pour quelque chose dans un si grand intérêt, mais quand d'un trait de plume vous deshonorâtes le secrétaire du Muséum, que le lendemain votre justice mieux éclairée trouva tant de plaisir à réintégrer dans

l'estime

l'estime nationale, moi son père, bien plus timide, bien plus isolé, bien plus éloigné du centre du pouvoir que mes amis dont je viens d'embrasser la défense, trouvai-je alors en vous cet espoir et cet appui qu'un représentant du Peuple doit aux citoyens timides, isolés, et éloignés du pouvoir. Dès le lendemain votre justice me rendit au bonheur : mais qui me rendra la nuit douloureuse que vous m'avez coûtée ? C'étoit cependant aussi l'effet d'une note. Eh ! qui vous assure que les notes fournies sur l'administration sont plus fidelles ?

F I N.

De l'Imprimerie de CH. HOUEL, rue du Bacq, n°. 940.